INSCRIPTIONS

DE

MÉDAILLES

PRÉCÉDÉES

DE STANCES A S. M. L'IMPÉRATRICE

ET SUIVIES

DES DEUX RENAISSANCES DE L'ITALIE

Poëme

PAR M. FLORIMOND LEVOL

COMMISSAIRE DES MONNAIES.

> Bref, il n'est pas jusques au sage,
> Qui, traîné, malgré lui, vers l'horrible Léthé,
> Ne trace, avec son doigt, son nom sur le rivage,
> Dans l'espoir de l'apprendre à la postérité.
>
> *Ancien poëte.*

PARIS

TYPOGRAPHIE DE FIRMIN DIDOT FRÈRES

IMPRIMEURS DE L'INSTITUT DE FRANCE, RUE JACOB, 56

1861

INSCRIPTIONS

DE

MÉDAILLES

PRÉCÉDÉES

DE STANCES A S. M. L'IMPÉRATRICE

ET SUIVIES

DES DEUX RENAISSANCES DE L'ITALIE

Poëme

PAR M. FLORIMOND LEVOL,

COMMISSAIRE DES MONNAIES.

> Bref, il n'est pas jusques au sage,
> Qui, traîné, malgré lui, vers l'horrible Lethé,
> Ne trace, avec son doigt, son nom sur le rivage,
> Dans l'espoir de l'apprendre à la postérité.
>
> *Ancien poëte.*

PARIS

TYPOGRAPHIE DE FIRMIN DIDOT FRÈRES

IMPRIMEURS DE L'INSTITUT DE FRANCE, RUE JACOB, 56

—

1861

Depuis longtemps la littérature, les sciences et les arts ne semblent plus incompatibles avec les fonctions publiques.

Que de noms (*) nous pourrions citer, de nos jours, pour constater cette heureuse alliance! Seulement il n'est donné qu'au plus petit nombre de s'illustrer également et à la fois dans deux carrières diverses.

Une œuvre littéraire, pour arriver au degré de perfection qui la rend digne de quelque renommée, exige plus de temps que ne peut lui en consacrer le fonctionnaire, absorbé par d'autres soins, et qui hésite toujours à livrer à la publicité les faibles et rapides productions de ses loisirs.

Cette hésitation augmente encore quand il s'agit d'hommages, en vers, adressés à l'Empereur et à l'Impératrice, dans des circonstances où, pour un instant, redevenu poëte, il a été, pour ainsi dire, entraîné par l'enthousiasme public.

On comprend toute la convenance, l'élévation, la mesure de style et de langage qu'il faut employer avec d'augustes personnages, qui ne repoussent pas toujours des éloges mérités, mais qui redoutent quelquefois l'admiration même de leurs panégyristes.

Un loisir momentané ayant permis à l'auteur de ces vers de les soumettre à une nouvelle révision, il se décide à les réunir et à les publier, comme un témoignage de respect

(*) Dans les lettres : MM. Lebrun, auteur de *Marie-Stuart*, ancien directeur de l'Imprimerie impériale, aujourd'hui sénateur; Mérimée, inspecteur général des monuments historiques, également sénateur; vicomte de la Guéronnière, publiciste, conseiller d'État

Dans les sciences : MM. Dumas, ancien ministre, sénateur; Pelouze, de l'Institut, président de la Commission des Monnaies, etc.; et, sous Louis-Philippe, MM. Thiers, Villemain, Guizot, etc.

et de dévouement pour une dynastie appelée à consolider la prospérité et la grandeur de la France.

Les dates de ces petites pièces montrent le poëte annaliste, recueillant ses souvenirs depuis la mort de l'Empereur Napoléon, dont, le premier, il a composé l'épitaphe, jusqu'à l'avénement de son neveu, qu'il a salué d'une prophétie, entièrement réalisée aujourd'hui.

Les stances à l'Impératrice expriment, relativement à la poésie, une conviction partagée par Sa Majesté elle-même. Les belles-lettres, en France, n'ont point à craindre de décadence, tant qu'elles trouveront des protecteurs sur un trône où la science et l'éloquence politiques ont déjà des modèles.

L'auteur se borne donc, dans cette pièce, à défendre la poésie contre ses détracteurs de tous les siècles, et à soutenir une cause toujours controversée et toujours triomphante.

En terminant cette introduction, bien longue pour un ouvrage si court, il exprime le regret de n'avoir pu atteindre, dans les inscriptions qui pourraient être reproduites sur le bronze, à cette concision exigée surtout par l'art numismatique, auquel il appartient, et qui fournit le titre de la présente publication.

La brièveté est la première règle des inscriptions de médailles, où il faut renfermer *moins de mots que de sens;* elle est aussi la première qualité du poëte en commerce avec les têtes couronnées.

De trop longs vers quel lecteur ne s'irrite!
Pour l'Empereur j'ai choisi le quatrain;
Ce court poëme a du moins le mérite
De ménager le temps du souverain.

Paris, 20 mars 1861.

STANCES A S. M. L'IMPÉRATRICE.

Madame, en rappelant devant vous la mémoire
De tout ce qui, jadis, fut grand dans l'univers,
On ne peut évoquer un souvenir de gloire
Que la muse n'ait pas consacré par ses vers.

Le temps n'épargne rien ; beauté, vertu, puissance,
Tout subit sa rigueur, tout passe, tout s'éteint,
Tout, hors l'hymne inspiré par la reconnaissance
Au poëte que, seul, jamais la mort n'atteint.

Quand le trône lui prête un appui tutélaire,
Le génie ose prendre un plus sublime essor,
Et le Prince, par lui devenu populaire,
Au delà de la tombe est sûr de vivre encor.

Les plus divins esprits dont la France soit fière
Ont tous fait alliance avec la royauté ;
Louis, presque en naissant, fut loué par Molière ;
En chantant son hymen Racine a débuté.

Puissent, avant-coureurs des jours qui vont éclore,
Les humbles descendants de ces maîtres fameux,
Dont la voix, du grand siècle, a salué l'aurore.
Commencer leur carrière et la finir comme eux!

Puissent-ils, à leur tour applaudis de la France,
Joignant à son aveu celui de votre époux,
Réaliser, Madame, une telle espérance,
Par des vers que tous deux croiront dignes de vous!

Jamais beauté plus noble et grâce plus touchante
N'ont ébloui nos yeux sur le trône des rois,
Donné plus d'assurance à celui qui les chante,
Et fait, avec le cœur, mieux accorder la voix.

Jamais âme plus forte, à plus d'attraits unie,
Du sort capricieux défiant le retour,
N'a mieux du souverain secondé le génie,
Soutenu le courage et mérité l'amour.

Bénissant un hymen qui détruira l'usage
Des tristes unions qu'imposait le pouvoir,
Un peuple entier de fleurs couvre votre passage,
Et goûte, avec transport, le bonheur de vous voir.

Mais lorsque, de vos traits, statuaire et peinture
Ont animé la toile, et le marbre, et l'airain,
Ainsi que ses deux sœurs, gravant d'après nature,
Lorsque déjà l'histoire apprête son burin ;

Qui prétend vous offrir un plus brillant hommage
Que ces vivants chefs-d'œuvre enfantés par les arts ?...
Plus à l'abri des ans que l'adorable image
Dont la toile et le marbre enchantent nos regards ?

La poésie!... En vain croit-on voir son prestige,
Dans un oubli fatal, s'affaiblir tous les jours ;
C'est l'immortel rameau dont on coupe la tige,
Qui renaît, sous la serpe, et refleurit toujours.

Et cependant la foule, au milieu de ces fêtes,
Où tous les noms du siècle apportent leur splendeur,
Se demande toujours ce que tant de poëtes,
A l'éclat d'un beau règne, ajoutent de grandeur.

En vous voyant, Madame, il lui paraît étrange
Que ces obscurs rêveurs, à Votre Majesté,
S'en viennent fièrement proposer un échange
De gloire, de bienfaits et d'immortalité.

Est-ce donc, en effet, leur main qui vous la donne,
Cette immortalité qui semble s'obtenir
Le jour même où l'on ceint la royale couronne,
Et ne peut-on, sans eux, régner sur l'avenir?

Une voix qui n'a point ici parlé pour elle,
Et qui n'espère plus illustrer son déclin,
Doit peut-être hésiter à prendre leur querelle
Contre un monde frivole, indocile et malin.

Mais, de la poésie auguste auxiliaire,
Daignez, pour la défendre, à ces mêmes discours
Dont se plaignaient jadis et Racine et Molière,
D'un indulgent sourire opposer le secours,

Et ses plus doux accents prouveront que la gloire,
Le pouvoir, la beauté, charme de l'univers,
Pour laisser, après eux, une longue mémoire,
N'ont encor rien trouvé de mieux que les beaux vers!

INSCRIPTIONS DE MÉDAILLES POUR L'EMPEREUR.

1852

Prince (*), pour enchaîner les partis en fureur,
La France, de son sort, vous a rendu l'arbitre;
Donnez-lui le repos, sous le nom d'Empereur,
Et vous serez encor plus grand que votre titre.

La France, en couronnant Louis-Napoléon,
Revient aux plus beaux jours de la Grèce et de Rome;
Avec un président nous avions un grand nom,
Avec un empereur nous aurons un grand homme.

(*) Écrit quelques jours après le 2 décembre 1852.

L'EMPIRE C'EST LA PAIX.

Au milieu d'une paix profonde,
Le sceptre, dans ses mains, fera tout refleurir;
Il le prend pour sauver le monde,
Et non pas pour le conquérir (*).

(*) Ces inscriptions ont été publiées pour la première fois dans le volume intitulé : *la Poésie à Napoléon III, votes des poëtes français*, qui a paru en 1853.

C'est ici peut-être le lieu de justifier notre titre, qui pourrait paraître une fiction; ces inscriptions et les suivantes ne sont pas plus longues que celles de plusieurs médailles modernes, entre autres les médailles des rois de France qui contiennent leur biographie; la médaille de Rouget de l'Isle, dont *la Marseillaise* remplit également le revers, et la médaille de M. de Lamartine, qui renferme son allocution au peuple, prononcée à l'hôtel de ville.

INSCRIPTIONS DE MÉDAILLES POUR L'IMPÉRATRICE.

1854

PORTRAIT DE L'IMPÉRATRICE.

Si grande est sa bonté qu'elle fait concevoir
L'amour d'un peuple allant jusqu'à l'idolâtrie :
Si grande est sa beauté qu'il suffit de la voir
Pour absoudre de flatterie
L'éloge même du pouvoir !

Quelles vertus, de vous, la France doit attendre !
Le trône, où vous montez, ne vous fait point pâlir ;
S'il courait des dangers, vous sauriez le défendre (*),
Mais, le péril absent, vous allez l'embellir.

(*) Annonce de son mariage par S. M. l'Empereur.

ÉTABLISSEMENTS DE CHARITÉ
PLACÉS SOUS LE PATRONAGE DE L'IMPÉRATRICE.

Madame, l'Empereur vous cède, dans l'histoire,
En vous donnant à secourir
Tous les maux que l'on peut soulager et guérir,
La meilleure part de sa gloire.

A L'EMPEREUR

AVANT LA NAISSANCE DU PRINCE IMPÉRIAL.

1856

Près du trône un enfant va naître,
Qui doit l'occuper à son tour;
Sire, que vos leçons, ainsi que notre amour,
Puissent un jour l'en rendre maître!
Aucun roi, depuis soixante ans,
N'a pu résoudre, en France, ce problème,
De voir ses héritiers, à ses derniers instants,
Sûrs de monter au rang suprême;
Sire, vous prouverez, bravant tous les défis
Jetés par le destin aux rois que l'on renomme,
Qu'il dépend toujours d'un grand homme
D'assurer le trône à son fils!

SUR LE PRINCE IMPÉRIAL.

1861

LES DEUX RESSEMBLANCES.

Les uns disaient : Il faut, pour charmer tous les yeux
Et toucher tous les cœurs, qu'il ressemble à sa mère ;
Les autres : Pour remplir son destin glorieux,
Il faut qu'il ressemble à son père !
Le ciel, qui veut, sous lui, que la France prospère,
Le fait ressembler à tous deux.

L'HOROSCOPE.

Enfant, de l'avenir tu sortiras vainqueur ;
« Je l'ai lu dans le ciel ! » te dira la Sibylle ;
Et moi, grâce à ton père, oracle plus habile,
Je l'ai lu dans son cœur !

ÉPITAPHE DE NAPOLÉON IER (*).

1821

Juge des rois, ô Muse de l'histoire,
Écris sur une tombe, au bout de l'univers :
Au plus grand homme à qui la gloire
Ait fait porter deux fois la couronne et des fers !

AUTRE ÉPITAPHE.

Napoléon n'est plus ! O Muse de l'histoire !
Raconte au monde entier les maux qu'il a soufferts,
Et, près de son tombeau, rappelle que sa gloire
Autant que sur le trône a brillé dans les fers.

(*) Cette épitaphe, improvisée le jour même où l'on apprit, en France, la mort de Napoléon, a été attribuée à Casimir Delavigne jusqu'au moment où elle fut insérée, par le véritable auteur, dans son volume des *Ages poétiques*, publié en 1825. (V. p. 161.)

LE TOMBEAU DE NAPOLÉON.

1840 ET 1858

Les cendres du captif qui gouverna le monde
Ont traversé des mers l'immensité profonde;
Paris en gardera le précieux trésor...
L'univers retentit de son apothéose;
Suivant son dernier vœu, Napoléon repose
Sur les bords de la Seine, où son nom règne encor,
Et, grandissant toujours, la France, à sa mémoire,
Élève un monument si beau
Qu'elle semble lui rendre, au moins par son tombeau,
Ce qu'elle en a reçu de splendeur et de gloire!

LES DEUX RENAISSANCES DE L'ITALIE

Que de faisceaux brisés, de trônes abattus
Le Tibre a roulés dans son onde!
Après l'avoir rempli du bruit de ses vertus,
Rome, de ses forfaits, a fatigué le monde!

Tes crimes, à la fin, devaient être expiés,
O ville des Césars!... Vengeant leur esclavage,
Les peuples sont venus, dans leur fureur sauvage,
Te frapper tour à tour et fouler à leurs pieds
Les restes mutilés de tes vains édifices,
Qui ne leur rappelaient que ton joug odieux,
Les féroces plaisirs dont tu fis tes délices,
Les tyrans dont tu fis tes dieux.

Mais qui vient la tirer de cette nuit profonde,
Et, la montrant plus belle à nos regards,
Lui donne encore et l'empire du monde,
Et le sceptre des arts?

Le sang des nations est la source féconde
Où la première Rome a puisé sa grandeur;
C'est au sang des martyrs d'enfanter la seconde,
Pour nous faire adorer sa nouvelle splendeur.

Aux lieux même où les cris d'une implacable joie
Insultaient aux douleurs des chrétiens expirants,
Où l'on battait des mains aux lions dévorants,
Aux tigres affamés qui déchiraient leur proie,
Le culte des proscrits, chassant des dieux pervers,
Ouvre les cœurs à la clémence,
Et Rome, où de leur sang a germé la semence,
Va, de nouveau, régner sur l'univers.

Comme si le sommeil l'eût surprise la veille,
Après quinze cents ans je la vois qui s'éveille,
Prête à verser sur les humains
Tous les dons que le ciel a remis en ses mains;
Mondaine tour à tour et pieuse en ses fêtes,
Elle fait retentir les chants des saints prophètes,
Sous le plus riche dôme et le plus spacieux
D'où jamais la prière ait monté jusqu'aux cieux.

C'est là que Michel-Ange, en sa magnificence,
        Et, dans sa grâce, Raphaël,
        Inaugurant la Renaissance,
Répandent sur leur siècle un éclat immortel.
Princes, hommes d'État, artistes et poëtes
Rendent, en rappelant la gloire dans ces lieux,
La vie aux monuments, l'âme aux tombes muettes,
Le plaisir aux mortels et la parole aux dieux!

        Le monde a changé de croyance,
Mœurs, beaux-arts, tout renaît; et pourtant, ô douleur!
        Une indestructible alliance
Semble enchaîner encor le génie au malheur.
        Pour lui, que tant d'œuvres sublimes,
Guelfes et Gibelins, trouvent grâce en vos cœurs!
Épargnez à vos fils des regrets légitimes ;
Soulevant l'univers contre leurs oppresseurs,
Ces grands hommes, qui sont maintenant vos victimes,
        Seront un jour leurs défenseurs.

Mais que font la misère et les pleurs du génie
Au peuple qui lui doit ses titres les plus beaux!
        Il couvre de fleurs l'agonie,
        Et s'acquitte avec des tombeaux.

Le Dante, qui, plus tard, deviendra son idole,
Voit partout l'infortune attachée à ses pas;

Il meurt proscrit!... et c'est glacé par le trépas
Que la foule conduit le Tasse au Capitole.

Mais opposons leur gloire aux maux qu'ils ont soufferts,
Cette gloire aujourd'hui nous montre sa puissance;
Elle enfante, elle inspire une autre renaissance
Du peuple qui s'apprête à secouer ses fers;

C'est elle qui soutient une cause chérie,
Et va de l'étranger briser le joug d'airain,
Tandis qu'une voix sainte, accusant la patrie,
Tonne pour un lambeau du pouvoir souverain.

La gloire est, de nos jours, diversement comprise:
Des princes sont déchus qui pouvaient être aimés;
Leur place était au sein des peuples opprimés....
Cette place, le Dante et le Tasse l'ont prise.

Devant leurs noms sacrés inclinant ses drapeaux,
Et saluant leurs ombres de son glaive,
Pour vaincre à ses côtés, la France, leur élève,
Les a vus s'arracher à l'éternel repos...

Plus justes et bientôt plus grands que vos ancêtres,
Sachez, Italiens, reconquérir vos droits,

Et, d'un sol usurpé redevenus les maîtres,
Émerveiller le monde une seconde fois.

Dans leur fraternelle alliance,
Deux monarques amis, sans peur de déroger,
Avec vos morts fameux accourent partager
L'honneur de votre délivrance.
Tout Français y veut prendre part;
Unanime en ses vœux, la nation entière,
Des mains, du cœur et du regard,
De Paris jusqu'à la frontière,
A, de son Empereur, salué le départ.

Les combats de géants dont se vantaient nos pères,
Qui jadis les montraient du monde triomphants,
Portant de meilleurs fruits en des jours plus prospères,
Sont surpassés par leurs enfants!
Vieux guerriers d'Austerlitz, ils sont à votre taille
Tous ces jeunes soldats qu'admire l'univers;
Vos yeux ne virent point, de tant de morts couverts,
De si vastes champs de bataille.

Si la guerre jamais n'a coûté plus de sang,
Jamais elle ne fut en bienfaits plus féconde;
Elle ne détruit pas, cette fois, elle fonde,
Et ressuscite un peuple en le réunissant.

Solférino dissipe ses alarmes,
Rappelle en son sein les proscrits,
Lui rend l'indépendance et sèche enfin ses larmes.
Vous, ses Libérateurs, de tant de beaux faits d'armes,
Au sein de nos cités, venez chercher le prix...
Venez le recevoir de cette foule ardente,
Qui, les regards tournés vers le berceau du Dante,
Fit à votre départ éclater tant d'amour,
Et des mêmes transports fête votre retour!

C'est grâce à vous que l'Italie,
Sous un roi de son choix oubliant tous ses maux,
Va renaître puissante, honorée, embellie,
Grande par ses talents, libre par ses héros!

TABLE

	Pages.
Introduction	3
Stances à l'Impératrice	5
Inscriptions de Médailles pour l'Empereur	9
L'empire c'est la paix	10
Inscriptions de Médailles pour l'Impératrice	11
Portrait de l'Impératrice	11
Établissements de charité placés sous le patronage de l'Impératrice	12
A l'Empereur, avant la naissance du Prince Impérial	13
Sur le Prince Impérial : Les deux Ressemblances	14
L'Horoscope	14
Épitaphe de Napoléon Ier	15
Autre épitaphe	15
Le Tombeau de Napoléon	16
Les deux Renaissances de l'Italie	17

POUR PARAITRE PROCHAINEMENT :

HISTOIRE

DE

L'ART MONÉTAIRE EN FRANCE

DEPUIS UN SIÈCLE

PAR M. FLORIMOND LEVOL

Commissaire des Monnaies, à Paris.

www.ingramcontent.com/pod-product-compliance
Ingram Content Group UK Ltd.
Pitfield, Milton Keynes, MK11 3LW, UK
UKHW021929190726
13853UKWH00002B/934